Teiche und Töpfe

Rezepte, Tipps und Geschichten rund um Wiesau und das Oberpfälzer Karpfenland

Bibliografische Information der Deutschen Bibliothek
Die Deutsche Nationalbibliothek verzeichnet diese Publikation in der Deutschen Nationalbibliografie; detaillierte bibliografische Daten sind im Internet über http://dnb.ddb.de abrufbar.

ISBN 3-00-016524-X

Impressum

Auftraggeber: Toni Dutz, Markt Wiesau
Konzeption und Idee: Armin Eger und Uwe Ibl
Layout: Armin Eger
Titelgestaltung und -bilder: Armin Eger
Bilder: Armin Eger, Sigrid Eger, Uwe Ibl, Norbert Grüner
Texte: Uwe Ibl, Armin Eger, Sigrid Eger
Textbearbeitung: Uwe Ibl
Korrektur: Willi Butz
Druck: Druckhaus Oberpfalz, Amberg
Bindung: Buchbinderei Thalhofer, Schönaich

Verkaufspreis: 10 Euro

Erhältlich beim Markt Wiesau, Marktplatz 1, 95676 Wiesau
Telefon 09634/9200-0, Fax 09634/2511
E-Mail: poststelle@wiesau.de
www.wiesau.de

1. Auflage 08 2005

Unsere schöne Oberpfalz ist als steinreich bekannt,
manchmal wird sie auch Kartoffelpfalz genannt.
Der größte Schatz bei uns jedoch sind unsere Oberpfälzer Fisch',
ob Karpfen, Forellen oder Zander,
aus unseren Teichen kommen sie frisch auf den Tisch.
Die allerfeinsten Köstlichkeiten
lassen sich daraus zubereiten.
Ob gebacken, blau, geräuchert und filetiert,
gesundes Genießen ist garantiert.

Elfriede Adam

Munter wie ein Fisch im Wasser

Stumm wie ein Fisch,
Munter wie ein Fisch im Wasser,
Er fühlt sich wie der Hecht im Karpfenteich,
Fisch muss schwimmen.

Viele Redensarten zeigen, wie tief der Fisch mit der Heimat verwurzelt ist. Dazu gesellen sich Ausdrücke mit Bedeutungen im übertragenen Sinn wie:

Im Trüben fischen,
In die Binsen gehen,
Seine Netze auswerfen,
Die Geschichte hat einen Haken.

Bürgermeister Toni Dutz

Mit diesem Buch rund um den Fisch wollen wir weder im Trüben fischen noch in die Binsen gehen. Der Fisch und die Fischerei haben rund um Wiesau, im Stiftland und in der ganzen Oberpfalz sowie im angrenzenden Mittelfranken schon immer eine herausragende Bedeutung. Die Fischbauern aus allen Wiesauer Ortsteilen haben uns mit ihrem hervorragenden, gesunden und wohlschmeckenden Naturprodukt bekannt gemacht.

Kornthan und Muckenthal haben sich zum heimlichen Karpfenzentrum entwickelt. Wohlschmeckender Fisch aus unseren Teichen findet immer mehr Anhänger und vor allem zufriedene Verbraucher.

Dieses Buch soll dazu beitragen, noch mehr Menschen neugierig auf den wohlschmeckenden und gesunden Fisch zu machen. Neben tollen Rezepten und Tipps zum Fischräuchern wollen wir Ihnen die weit verbreitete Angst vor der Gräte nehmen, damit Sie den Geschmack ungetrübt genießen können.

Gedichte, Lieder und Geschichten rund um Karpfen und Co. sowie tolle Ausflugsziele und Wandermöglichkeiten in die Teichlandschaft und deren Umgebung verführen zum Blättern, Lesen und Ausprobieren.

Nicht vergessen wollen wir unsere Kinder, die mit dem Fisch schon frühzeitig spannende Abenteuer mit allen Sinnen erleben. Ein Teil des Verkaufserlöses dieses Buches geht deshalb an die beiden Wiesauer Kindergärten.

Mein Dank gilt den Buchautoren, Armin Eger und Uwe Ibl, die ein hervorragendes und interessantes Werk geschaffen haben. Vergelt's Gott auch allen Mitwirkenden, insbesondere für die tollen Rezepte und Tipps.

Nun wünsche ich Ihnen viel Spaß beim Lesen und freue mich auf ein Wiedersehen bei meinem persönlichen Leibgericht, einem schmackhaften Karpfen blau in Wiesau.

Herzlichst
Ihr

Toni Dutz

Toni Dutz
1. Bürgermeister

Inhalt

Abkürzungsverzeichnis
g Gramm, kg Kilogramm, Tl Teelöffel,
El Esslöffel, ml Milliliter, l Liter, cm Zentimeter, ca. zirka

Tipps zum Umgang mit Fisch für die Küche

Wenn Sie den Fisch direkt beim Teichwirt rund um Wiesau kaufen, können Sie zumeist zusehen, wie er den Karpfen oder die Forelle, den Waller, Aal, Zander oder Hecht schlachtet. Über klare Augen, unverletzte Schleimschicht, feste und glänzende Schuppen, feuchte Kiemen sowie guten Geruch als Frischezeichen braucht sich hier keiner Gedanken zu machen.

Teichwirte richten die geschlachteten Karpfen küchenfertig her.

Mehr Augenmerk verdient der Transport, zumal die Sonne ein Auto selbst an kühlen Tagen – mehr als dem Fisch gut tut – aufheizen kann. Abhilfe schafft eine Kühltasche mit entsprechenden Akkus. Noch weit besser aber als jeder Schaumgummi schützen vor Temperaturveränderung ein paar Lagen des guten alten Zeitungspapiers, in die man den Fisch einpackt.

Süßwasserfische sind noch empfindlicher als die aus dem Salzwasser. Deshalb sollten Fische möglichst schnell nach Hause in den Kühlschrank gebracht werden oder noch besser sofort auf den Herd kommen. Zuvor gilt es sie aber je nach Zubereitungsart zu schuppen, zu säubern und mit Essig, Worcestersoße oder in den meisten Fällen Zitronensaft zu säuern. Dadurch wird das Fleisch weißer und fester, außerdem weichen die Säuren Gräten an oder lösen sie sogar ganz auf. Deshalb empfiehlt es sich, grätenreiche Fische zuvor einzuschneiden. Salzen sollte man den Fisch erst direkt vor der Zubereitung, beim Grillen sogar noch später, nämlich dann, wenn er vom Rost auf den Teller kommt.

Tipp: Damit speziell Karpfen und Schleien selbst im Sommer nicht modrig schmecken, sollte die innere weiße Haut der Bauchhöhle gleich nach dem Ausnehmen abgezogen oder mit Salz herausgerieben werden.

Für Karpfen oder Schleie blau darf die Schleimschicht auf keinen Fall verletzt werden und der Fisch nicht eingefroren sein. Um einen Fisch auch ohne geeignetes Küchengerät im Ganzen aus dem Sud zu heben, eignet sich ein breites Stück Pergamentpapier.

Karpfen filetiert man vom Rücken entlang der Rippen.

Für eine Person rechnet man bei Hecht und Waller 350 bis 400 g, bei Karpfen und Zander 300 bis 350 g und bei Forelle, Schleie, Barsch und Felchen rund 250 bis 300 g. Bei Filet genügen etwa 150 bis 200 g.

Zum Filetieren wird der Fisch direkt hinter Kiemendeckel und Brustflosse rundherum bis zur Mittelgräte eingeschnitten. Dann mit dem dünnen, biegsamen Filetiermesser von der Rückenflosse parallel bis zum Rückgrat hinter dem Kopf einstechen und vorsichtig entlang der Rückengräte bis auf Höhe der Afterflosse aufschneiden. Den Fisch ganz durchstechen und das Filet bis zur Schwanzflosse abtrennen. Zuletzt vom Rückgrat entlang der Rippen im Bauchbereich nach unten hin abtrennen. Fisch umdrehen und das Ganze auf der anderen Seite wiederholen.

Flossenansätze und Fettpolster wegschneiden und falls gewünscht noch die Haut von der Schwanzseite aus vom Filet flach abschneiden. Wer viel Geduld hat, kann die letzten Gräten mit einer Pinzette aus den Filets zupfen. Die Fischreste samt Kopf eignen sich für Fischfond (siehe Seite 36 und 37).

Tipp: 2 bis 3 Salbeiblätter, in der Hand zerrieben, vertreiben den Geruch, den die Schleimschicht vieler Süßwasserfische an den Händen hinterlässt.

Eine Forelle oder leckere Fischbratwürste am Lagerfeuer zu grillen, macht schon den Kleinsten vom Kindergarten St. Elisabeth Spaß.

Fisch aus eigenem Rauch

Forellen oder Karpfen im eigenen Garten selbst zu räuchern, sollte mit ein wenig Übung und dem richtigen Gerät kein Problem sein. Spezialitäten aus dem Räucherofen eignen sich auch hervorragend als Abwechslung zur beliebten Grillparty.

Für den Hausgebrauch gibt es mittlerweile zum Teil sogar in Baumärkten oder Angelläden Tischräucheröfen oder kleine Räuchertonnen sowie das nötige Holzmehl.

Tischräucherofen und Räuchertonne

Geeignet sind fast alle Laubholzarten. Wilhelm Dietl, Chefräucherer des Fischereivereins Wiesau, verwendet am liebsten Birke, bei der die Fische relativ dunkel werden. Goldgelb lässt Buche das Räuchergut schimmern, während Apfel, Birne und Kirsche ebenso wie der im Stiftland Krammel genannte Wacholder an den Fisch etwas vom Fruchtgehalt abgeben.

Ungeeignet, da sind sich die Experten einig, ist Linde. Bei Eiche dagegen lautet die Meinung von „toller Whiskyanklang“ bis ungenießbar.

Wilhelm Dietl

Der Bayreuther Siegfried Nohl (von links) freut sich ebenso wie die Angelurlauber Jürgen Adamek aus Ulm und Herbert Wanke aus Neu-Ulm auf die Fischspezialitäten von Wilhelm Dietl. Der Vorsitzende des Fischereivereins Wiesau, Horst Schmidt, und Angelausbilder Günter Brosch schauen ihrem Räucherexperten auf dem Vereinsgelände immer wieder über die Schulter.

Ganz am Anfang der Vorbereitung allerdings steht die Lake:

Zutaten:

50 bis 100 g Salz pro Liter Wasser
Zwiebeln
Fisch- oder Sauerbratengewürz

Zubereitung:

Im Prinzip besteht die Herstellung der Lake lediglich aus dem Verrühren der Zutaten. Dabei gibt es allerdings zahlreiche Variationsmöglichkeiten, um den gewünschten Geschmack zu treffen. Auch andere Gewürze von Thymian bis Knoblauch sind erlaubt. Räucherexperte Dietl schwört darauf, die Beeren im Gewürz zu zerdrücken und die Lake kalt anzusetzen. Darin legt er den Fisch mindestens 24 Stunden ein.

Dagegen kochen Gabi Eichenseher vom gleichnamigen Ferienhof und Fischereivereinsvorsitzender Horst Schmidt die Lake kurz auf. So kann sich der Geschmack der Gewürze stärker entfalten. Die Fische ziehen in dem erkalteten Sud nur etwa sechs bis zehn Stunden.

Anschließend werden die schon vor dem Einlegen ausgenommenen Fische gewaschen und abgetrocknet oder noch besser zum Trocknen aufgehängt. Besonders wichtig ist, dass Kiemen und Niere entfernt wurden. Dann geht es ab in den Rauch. Gabi Eichenseher reibt die Fische zuvor noch mit Curry ein.

Brennpaste für den Tischräucherofen

Beim Tischräucherofen bringt ein Spiritusbrenner von unten das mit einem Schutzblech abgedeckte Räuchermehl am Boden der Wanne kontinuierlich zum Glimmen. Die Fische liegen auf den Rosten und sind zum Teil bereits nach rund 20 Minuten fertig.

Bei der Räuchertonne rechnet man mit einem etwa 15- bis 20-minütigen Gar- und einem anschließenden ebenso langen Räuchervorgang. Wenn die Deckel in beiden Geräten zu Beginn für ein paar Minuten geöffnet bleiben, kann Feuchtigkeit entweichen.

Karpfen im Tischräucherofen

Die fertigen Fische sollten noch kurze Zeit im Ofen hängend oder liegend abkühlen.

Brennkammer der Räuchertonne

Achtung: Räuchern bedeutet Umgang mit Feuer. Vorsicht und verantwortliches Handeln sind angesagt, damit aus dem Vergnügen kein Ernstfall wird.

So darf auf keinen Fall Flüssigkeit vom Räuchergut in die Glut tropfen. Auch empfiehlt sich der Gebrauch eines Thermometers, um den gesamten Vorgang zu überwachen und bei Temperaturen über 110 °C die Notbremse zu ziehen, damit es nicht zur Explosion kommt. Das Einstreuen von Räuchermehl in den heißen Ofen sollte vorsichtig geschehen, um eine Staubexplosion zu vermeiden.

Dazu passt aus der Rezeptsammlung von Gabi Eichenseher

Meerrettichsülze

Zutaten:

1 kleine Stange Meerrettich
Zucker, Salz
2 El Salatmayonnaise
400 ml trockener Weißwein
Saft einer halben Zitrone
10 Blatt Gelatine
5 El heißes Wasser

Zubereitung:

Meerrettich fein reiben, mit Zucker und Salz würzen, Mayonnaise zugeben, mit dem Zitronensaft und Weißwein verrühren.

Die in kaltem Wasser eingeweichte Gelatine gut ausdrücken, in heißem Wasser auflösen und langsam unter die Meerrettichmasse rühren, in mit kaltem Wasser ausgespülte Förmchen füllen und fest werden lassen.

Tipp: Zu Räucherfisch und Meerrettichsülze schmeckt ein würziges Bauernbrot vorzüglich.

FORELLE SAIBLING FORELLE

Räucherfischsalat

mit Nudeln

Aus der Rezeptsammlung
von Elsa Bächer

Zutaten:

250 g Räucherfisch,
vorzugsweise Forelle
oder Saibling
250 g Nudeln
1 El Salz
250 g grüne Paprikaschoten
250 g Tomaten
200 g Gewürzgurken
je 1 weiße und rote Zwiebel
50 g schwarze Oliven
je 2 El Oliven- und
Sonnenblumenöl
je 2 El Rotweinessig
und Sojasoße
je 1/2 Tl schwarzer Pfeffer
und Meersalz
je 3 El Schnittlauch
und Petersilie

Zubereitung:

Die Nudeln in kochendem Salzwasser bissfest – al dente – garen, abgießen und abschrecken.

Paprika in feine Streifen, Tomaten und Gewürzgurken in Würfel, Zwiebeln in dünne Ringe schneiden. Oliven entkernen und halbieren.

Das Räucherfischfleisch auslösen, Haut und möglichst alle Gräten entfernen.

Die vorbereiteten Zutaten in eine Schüssel geben, Öl, Essig, Sojasoße, Salz, Pfeffer und fein geschnittene Kräuter zufügen und vorsichtig mischen.

Kühl stellen und mindestens 30 Minuten ziehen lassen.

Aus der Rezeptsammlung
von Petra Gleißner

Weihnachtskarpfen

nach Muckenthaler Art

Zutaten:

2 mittlere Karpfen

Für den Sud:

3/4 l Weißwein
1/8 l Essig
2 bis 3 l Wasser
3 Möhren
etwas Sellerie
1 Stück Lauch
Fischgewürz, Senf- und Pfefferkörner
2 bis 3 Lorbeerblätter
2 Zwiebeln in Scheiben

Zum Garnieren:

2 bis 3 Zitronenscheiben

Peta Gleißner

KARPFEN KARPFEN KARPFEN K

Zubereitung:

Zutaten für den Sud, das Wurzelgemüse in Stifte geschnitten, in einem großen Bräter eine halbe Stunde köcheln lassen, mit Salz, Pfeffer und Essig abschmecken.

Karpfen längs halbieren. Um die Schleimhaut möglichst nicht zu verletzen, nicht schuppen, sondern nur vorsichtig unter laufendem Wasser waschen. Erst direkt vor dem Einlegen in den kochenden Sud salzen und pfeffern.

Je nach Größe ca. 10 bis 30 Minuten im Sud mehr ziehen als köcheln lassen und zusammen mit dem Wurzelgemüse servieren.

Als Beilage gibt es Salzkartoffeln mit zerlassener Butter, Sahnemeerrettich und grünen oder gemischten Salat sowie zum Fest einen guten Weißwein.

Gretl und Josef Bauer aus Hohenhard

Tipp: Vom Weihnachtskarpfen, der auch als blauer Karpfen auf den Tisch kommt, gibt es zahlreiche Varianten: So stellt Thomas Forster (siehe Rezepte ab Seite 68) den mit Majoran, Piment und gemahlenem Kümmel gewürzten Fisch vor dem Kochen für etwa eine halbe Stunde in den Kühlschrank, damit sich die Gewürze entfalten können.

Am Teichsdamm stöih, des is maa Lebn

Melodie: Franz Heindl
Text: Helmut Kreger

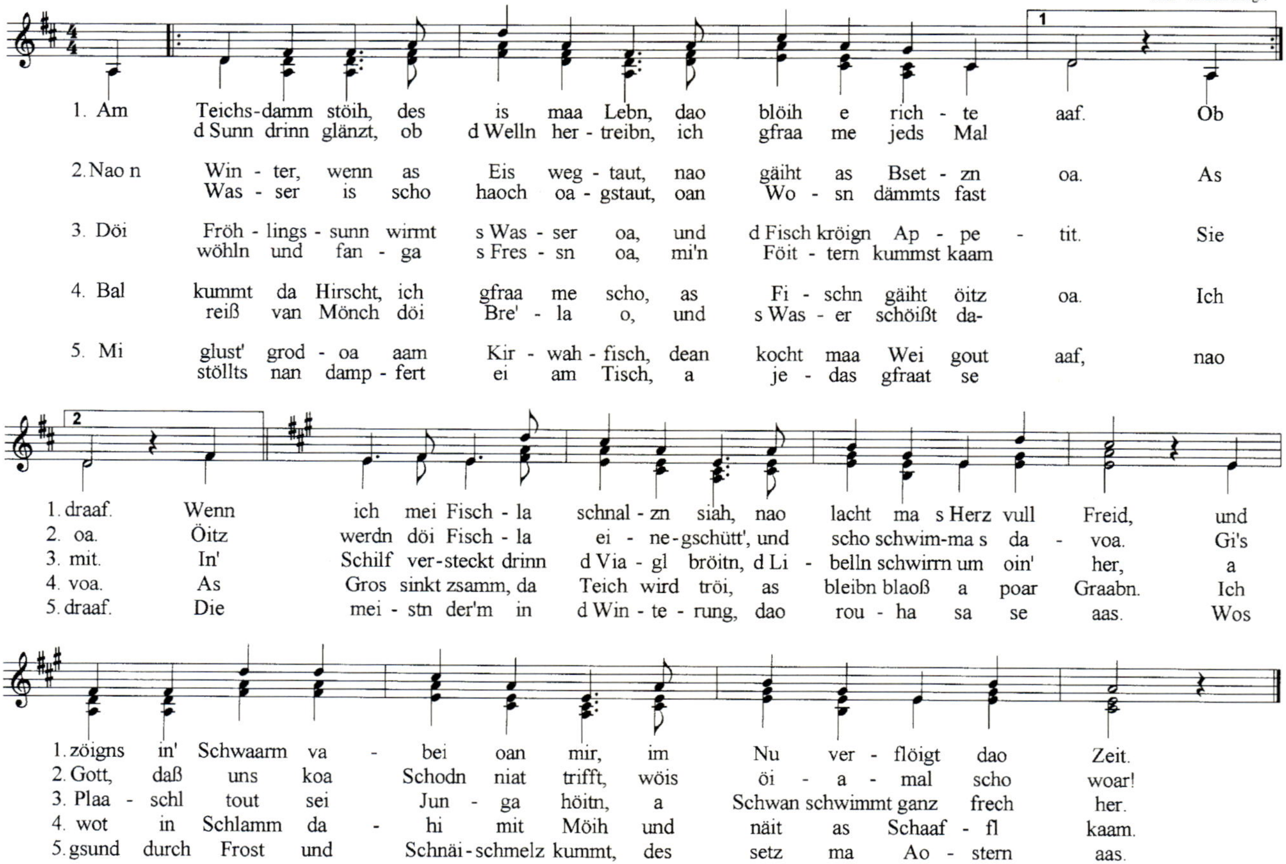

Wiesauer Trachtengsang

Martina Koller, Karl-Heinz Konrad und Renate Klinger haben sich der Nordoberpfälzer Mundart verschrieben. Seit 1983 singt der Wiesauer Trachtengsang überwiegend Lieder aus der Region und aus Böhmen. Mal einfühlend, mal heftig und manchmal deftig – so beschreibt das Trio die eigene Stilrichtung. Mit seinen Mundartliedern will der Wiesauer Trachtengsang der Heimat ins Herz und dem Volk auf die Finger schaun.

Martina Koller, Karl-Heinz Konrad und Renate Klinger (von links)

Heint fisch e mein Teich

Melodie und Str. 1. u. 2.: Volksgut
Str. 3. u. 4.: Josefa Haberkorn

K A R P F E N K A R P F E N K A R P F E N K

Karpfenfilet
unter der Schwammerlkruste

Aus der Rezeptsammlung von Theresa Wegmann, ehemalige Schülerin der Berufsfachschule für gastgewerbliche Berufe in Wiesau

Zutaten für vier Personen:

4 Karpfenfilets, je 160 g
500 g gemischte Waldpilze, frisch oder gefroren
1 Becher (250 g) Crème fraîche
2 Eigelb
1 zerdrückte Knoblauchzehe
1 El gehackte glatte Petersilie
Semmelbrösel nach Bedarf
Salz, Pfeffer

Theresa Wegmann

Zubereitung:

Pilze putzen und zerkleinern, aber nicht waschen. Knoblauch mit den Pilzen in Butter anschwitzen und mit den restlichen Zutaten vermengen.

Gewürzte Karpfenfilets mit der Pilzpaste bestreichen und im Ofen goldbraun backen.

Dazu passen neue Butterkartoffeln und Blattsalat.

Aus der Rezeptsammlung von Benjamin Standfest,
ehemaliger Schüler der Berufsfachschule für
gastgewerbliche Berufe in Wiesau

Gebratenes Saiblingsfilet

mit Avocado-Melonen-Schaum auf einer leichten Weißweinsoße mit Pfefferreis

Zutaten für vier Personen:

2 Saiblinge (alternativ 2 Forellen)
Saft einer Limette
200 ml Weißwein
150 ml Sahne
100 g Crème fraîche
100 g Butter
2 Schalotten
1/4 Selleriewurzel
1 Bund Dill
1 Bund Petersilie
1/2 Stange Lauch
Mehlbutter oder Mehlschwitze
50 ml Noilly Prat,
ersatzweise Anisschnaps wie Pastis,
Ouzo oder Raki
1 Avocado
1 kleine Honigmelone
3 Eiweiß
Tabasco
20 g Mehl
Salz, Pfeffer, Zucker
100 g Reis
roter Pfeffer
Gelatine

Zubereitung:

Saiblinge säubern, filetieren und einschneiden.

Die Fischreste klein schneiden. Mit Schalotten, Selleriewurzel, Lauch, Lorbeer, Wacholder, Pfefferkörnern, Weißwein und Noilly Prat einen Fischfond ansetzen und 20 Minuten köcheln lassen.

In der Zwischenzeit Gelatine einweichen, danach Avocado und Honigmelone waschen, putzen, das Fruchtfleisch pürieren und mit Tabasco, Limettensaft, Salz und Pfeffer abschmecken. Unter die Masse die aufgelöste Gelatine mengen. Eischnee vorsichtig unterheben und kalt stellen.

Den Fischfond durch ein Passiertuch gießen, mit Sahne, Crème fraîche und fein gehacktem Dill verfeinern. Mit Salz, Pfeffer und Noilly Prat abschmecken und mit Mehlbutter binden.

Benjamin Standfest

In der Zwischenzeit Reis kochen, die Saiblingsfilets säubern, würzen, mehlieren und in der knackig heißen Pfanne mit wenig Butter zuerst auf der Hautseite anbraten, die Filets wenden und auf abgeschalteter Flamme garziehen lassen.

Den fertigen Reis und den Roten Pfeffer vermengen und alles auf einem großen Teller schön anrichten.

Urkunde des „Winterkönigs“ liegt im Safe

Nicht einmal zwei Monate nach dem Prager Fenstersturz vom 23. Mai 1618 verkauft Pfalzgraf Friedrich den Kornthaner Weiher. Der Pfalzgraf und Herzog von Bayern wird ein Jahr später – der 30-jährige Krieg überzieht immer mehr Europa – zum König von Böhmen gewählt und geht als „Winterkönig“ in die Geschichte ein. 1100 böhmische Gulden als Kaufsumme weist die von ihm ausgestellte Urkunde vom 17. Juli 1618 aus für die gesamte Dorfgemeinschaft mit Ausnahme von Hans Thanner, der sich freiwillig nicht beteiligt.

Die Käufer, ihre Nachkommen und Erben dürfen diesen Teich auch künftig „nutzen, niessen und gebrauchen, besetzen, sehen oder liegen lassen, so gut sie können und mögen“, heißt es in der Urkunde. Auch sollen sie, ihre Nachkommen und Erben diesen Besitz gegen jedermann, sooft es erforderlich ist, behaupten, verteidigen und zum Besten handhaben.

Das Dokument über den Besitzwechsel lagert im Safe eines Kornthaner Teichwirts. Vier der damals vor etwa 400 Jahren sechs beteiligten Familien und Höfe sind immer noch im Besitz von Anteilen am Weiher:
Konrad Zrenner (Aslbauer), Franz Maierhöfer (Chrisl), Wolfgang Stock (Walz) und Hubert Krauß (Leiß), der seine Anteile verpachtet hat. Die ersten drei züchten weiterhin Karpfen und haben ihre Lieblingsrezepte für dieses Buch zur Verfügung gestellt.

Jedes Jahr, so hat es der Pfalzgraf beurkundet, müssen die jeweiligen Besitzer zu Michaeli am 29. September drei böhmische Gulden als Herrenzins an das Kloster Waldsassen zahlen. Und auch ein Vorkaufsrecht ist verbrieft: „Zuvorder ist dem Closter den Kauf anbieten." Wenn dieses nicht interessiert ist, dürfen sie es einem anderen verkaufen, „der uns und unserem Stifft annehmlich, getreulich und ohne geverdte".

Der Weiher selbst ist noch erheblich älter. Etwa um 1380 ließ ihn das Kloster Waldsassen auf den Wiesen der Kornthaner Bauern anlegen. Zur Entschädigung wurden sie vom Scharwerk, einer Art Fronarbeit, und von der Weihnachtssteuer befreit.

Franz Maierhöfer mit der Originalurkunde über den Verkauf des Kornthaner Weihers aus dem Jahr 1618

Aus der Rezeptsammlung
von Maria Maierhöfer

Karpfenfilet
im Kräutermantel

Zutaten für zehn Personen:

20 Karpfenfilets ohne Haut
Semmelbrösel
Kräuter (frisch oder getrocknet) wie Estragon, Kerbel, Dill, Basilikum
Gyrosgewürz
300 g Schafskäse
2 Eier
2 El Öl
Salz, weißer Pfeffer
Zitronensaft
Butterschmalz

Zubereitung:

Karpfenfilets mit Zitronensaft säuern und würzen, Öl in die aufgeschlagenen Eier geben.

Semmelbrösel mit Kräutern und Gyrosgewürz sowie zerbröckeltem Schafskäse vermengen.

Die Karpfenfilets erst in der Ei-Öl-Mischung und dann in der Kräuterpanade wälzen, die Brösel andrücken und in Butterschmalz goldbraun braten.

Aus der Rezeptsammlung von Maria Maierhöfer

Karpfenrouladen

Zutaten:

750 g Karpfenfilet
2 bis 3 El Essig
oder Zitronensaft
2 Gewürzgurken
20 g Fett
Senf
Salz, Pfeffer
Zwiebel und
Petersilie gewiegt

Fülle:

4 El dicker saurer Rahm
40 g Speck

Zum Garen:

20 g Fett
6 bis 8 El saurer Rahm
1 bis 2 Tl Tomatenmark

Zubereitung:

Karpfenfilet säubern, auf gleiche Dicke und Breite schneiden, säuern, salzen, dünn mit Senf bestreichen, durchziehen lassen.

Die abgeschnittenen Fischteile hacken.

Filets mit dickem saurem Rahm bestreichen, mit Fischresten, Speck- und Gurkenstreifen, gedünsteten Zwiebeln und Petersilie belegen, aufrollen und in eine gefettete Auflaufform legen.

Dann mit saurem Rahm und dem mit etwas Wasser verrührten Tomatenmark begießen und in der Röhre bei mäßiger Hitze 45 Minuten gar ziehen lassen.

Überbackenes Karpfenfilet

Aus der Rezeptsammlung
von Maria Maierhöfer

Zutaten:

2 größere Karpfenfilets
etwas Zitronensaft
2 bis 3 Schalotten
300 g Champignons
150 g Tomaten
Petersilie
2 Eier
Butter, Öl
60 g durchwachsener Speck
2 El süße Sahne
2 El Sherry
Salz, Pfeffer

Zubereitung:

Schalotten, 120 g Pilze und Petersilie hacken. Tomaten würfeln, Schalotten in Butter anschwitzen. Pilze und Tomaten zu den Schalotten geben.

Das Gemüse salzen, pfeffern und fünf Minuten schmoren lassen, anschließend mit den mit Petersilie verquirlten Eiern verrühren.

Die übrigen Champignons in Scheiben schneiden. Die gesäuerten Fischhälften salzen und pfeffern. Die Schnittflächen mit der Ei-Gemüse-Masse belegen, dann die Speckstreifen und Butterflocken darauf verteilen.

Auf das geölte Bratblech Fisch und daneben die Pilzscheiben legen. Champignons salzen, pfeffern und ebenfalls mit Butterflocken belegen. Sherry und Sahne verrühren und über die Gemüsemasse verteilen.

Den Fisch bei 180 °C ca. 20 Minuten garen.

Besonders gut dazu schmecken ein Salat mit Dipp sowie Baguette oder Weißbrot.

KARPFEN KARPFEN KARPFEN K

Aus der Rezeptsammlung von Maria Maierhöfer

Karpfensalat

Zubereitung:

Die Zutaten der Beize aufkochen, aber erst anschließend den Essig zugeben und abkühlen lassen. Karpfenfilet in ca. 1,5 cm breite Streifen schneiden und mit der erkalteten Beize übergießen. 2 bis 3 Tage kühl stellen.

Beize:

1 l Wasser
1 Lorbeerblatt
2 bis 3 Wacholderbeeren
4 zerdrückte Pfefferkörner
Zitronenschale, 1 El Senfkörner
ca. 40 g Salz
2 Karpfenfilets
100 ml Essigessenz, 1 bis 2 El Obstessig

Marinade:

1 bis 2 Zwiebeln
1 großer Apfel
3 Essiggurken
1 kleines Glas Mayonnaise
1 Joghurt
1/2 Becher Crème fraîche
1 Becher Sahne
Essig, Zucker, Dill, Estragon, Salz, Pfeffer

Anschließend die Beize abseihen. Der Fisch sollte pur ohne Pfefferkörner und Wacholderbeeren verwendet werden.

Zwiebel, Apfel und Essiggurken klein würfeln. Mayonnaise, Joghurt, Crème fraîche und Sahne verrühren, nach Geschmack würzen. Nun das Karpfenfilet, Apfel, Zwiebel und Essiggurken mit der Marinade vermischen.

Aus der Rezeptsammlung
von Maria Maierhöfer

Kräuterschleie

im Lauchmantel

Zutaten:

4 küchenfertige Schleien
(je ca. 300 g)
1 Bund frische Kräuter
(Petersilie, Schnittlauch,
Dill, Kerbel)
2 mittelgroße rote Zwiebeln
2 Stangen Lauch (Porree)
200 g Butter
Salz, Pfeffer, Zitronensaft
Alufolie

Zubereitung:

Schleien säubern, säuern, salzen, innen und außen pfeffern, Zwiebeln fein schneiden und Kräuter fein hacken. Zwiebeln in der Butter glasig dünsten, Kräuter zugeben und damit die Schleien füllen.

Die Blätter vom Lauch lösen und blanchieren. Die Fische damit umwickeln und fest in Alufolie packen.

Im Ofen bei 200 °C ca. 30 Minuten garen.

Dazu passen Kartoffeln mit Paprikaquark und frischer Feldsalat mit Joghurtdressing.

Aus der Rezeptsammlung
von Maria Maierhöfer

Porree-Fisch-Auflauf

Maria Maierhöer

Zutaten:

100 g gewürfelter Speck
500 g Porree (Lauch)
500 g Fischfilet
1 Becher Sahne
Zitrone und etwas Fischwürze
2 Eier

Zubereitung:

Den Porree in Stücke schneiden, mit dem Speck anbraten und in eine gefettete Auflaufform geben.

Das Fischfilet mit Zitronen und Fischwürze beträufeln und auf den Porree legen.

Die Sahne mit den Eiern verquirlen, das Filet übergießen und bei 200 °C etwa 30 Minuten backen.

Dazu passen Kartoffeln, Baguette oder Bandnudeln.

Als Pferdeknecht beim „Walzn-Sepp“

Zwei Jahre war Andreas Riedl bei Josef Stock, genannt „Walzn-Sepp“ auf dem Walzhof in Kornthan als Rossknecht, quasi als rechte Hand des Bauern tätig. Riedl, geboren am 5. Juli 1911, kümmerte sich von 1932 bis 1934 vor allem um die Pferde. Dann heiratete er Karolina Giehl aus Leugas, zog in deren Elternhaus und verdiente sein Geld in den Kaolingruben bei Schönhaid, den heutigen Kippseen.

In Kornthan habe er es schön gehabt, erinnert sich der gebürtige Wiesauer. „Der ‚Walzn-Sepp‘ war ein guter Mann, an die schöne Zeit denke ich gerne zurück.“ Die Fischzucht bildet die Haupteinnahmequelle des Hofes, dessen Besitzer etwa 100 Tagwerk Teichfläche besaßen. Arbeit bedeutet das vor allem im Herbst beim Abfischen. Riedl empfand diese Tätigkeit als willkommene Abwechslung vom Alltag. Mit dem Pferdefuhrwerk pendelte er zwischen Kornthan und dem Bahnhof Wiesau hin und her.

Andreas Riedl

Auf dem Fuhrwerk standen Fässer, in deren Öffnung ein Fichtenast steckte. Er verhinderte, dass die Karpfen und Schleien heraussprangen und allzu viel Wasser überschwappte. Andererseits sorgte das von den Zweigen herabtropfende Nass für ausreichend Sauerstoff im Wasser, in dem die Fische schwammen.

Am Bahnhof stand ein Güterwagen, den der Fischhändler Unger aus Hof geschickt hatte und in den die vollen Holzfässer geladen wurden. Auf der Rück fahrt nahm Riedl leere mit zurück. Der Pendelverkehr dauerte den ganzen Tag.

Noch am Teich wurden die Fische zunächst in Zuber gefüllt, gewogen und kamen dann in die Transportbehälter. Riedl war geschickt im Umgang mit den Pferden, sah aber zu, dass für ihn auch sonst ab und zu etwas abfiel.

Pius Stock (links), bei dessen Vater Andreas Riedl (rechts) als Knecht auf dem Hof diente

So warf er ab und an nach dem Abwiegen noch einen Fisch ins Fass – aber nur wenn der Fischhändler her – und der Bauer wegschaute. Unger dankte es mit einem Geldstück, das er in die Tasche des Knechts steckte. Riedl schlitzohrig: „Der Bauer hat genügend Fische und der Händler ausreichend Geld gehabt – und ich hab es brauchen können.“

Der Walzhofbauer war ein relativ wohlhabender Landwirt und ließ daran auch seine Dienstboten teilhaben, gleichwohl achtete er auch auf Sparsamkeit. Nicht nur gab es zur Kirchweih eine ganze Menge Gebäck für jeden Bediensteten, sondern auch noch einen Karpfen und einen Hecht für die Familie zu Hause.

Den Lohn zahlte der „Walzn-Sepp“ monatlich aus, während die Knechte und Mägde auf anderen Höfen schon froh sein mussten, wenn sie einen Vorschuss auf das an Lichtmess fällige Entgelt erhielten. Im Dorfwirtshaus ließ er es sich nicht nehmen, für „seine Buam“ die Zeche zu zahlen.

Besonders freute sich Riedl über die eine oder andere Flasche Bier, die er in der Kiste fand, in der der Hafer für die Pferde lagerte. Der „Walzn-Sepp“ hatte sie dort als Dank eingebuddelt. Nicht so begeistert war der Bauer hingegen davon, dass sein Großknecht auch für die Pferde verbotene Leckerei, wie etwa Runkelrüben, abzweigte.

Andreas Riedl

Der große Kornthaner Weiher diente zu der Zeit nicht nur der Fischzucht. Besonders im Sommer trieb Riedl die Pferde von der Dorfstraße über die Rampe, die immer noch auffällig an der Südseite des Teichs zu sehen ist, ins Wasser. Was heute das Autowaschen und die Chrompolitur ist, waren damals Seife und Bürste, mit denen die Rösser abgeschrubbt wurden. Mit Fett brachte der Knecht auf dem Hof anschließend die Hufe zum Glänzen.

Aus der Rezeptsammlung
von Elfriede Stock

Fischfond I

Zutaten:

ca. 500 g Filierabschnitte wie Gerippe oder Kopf
je 1 Stange Lauch und Sellerie
1 gelbe Rübe
1 Zwiebel
Petersilie, Jodsalz
Wacholderbeeren, Thymian
Piment- und Pfefferkörner
eine halbe Zitrone in Scheiben
herber Weißwein

Zubereitung:

Kiemen entfernen. Fischabschnitte gründlich waschen, je nach Topfgröße in Stücke teilen.

Gemüse putzen und klein schneiden, zusammen mit Fisch, Gewürzen und Salz mit kaltem Wasser auffüllen und zum Kochen bringen. Nach dem Aufkochen abschäumen und den Fond ca. 20 Minuten leise köcheln lassen.

Anschließend abseihen und beiseite stellen. Die Trübstoffe setzen sich ab, sodass nach einiger Zeit der klare Fischfond abgegossen werden kann. Zum Schluss mit Wein abschmecken.

Fischfond II

Aus der Rezeptsammlung
von Elsa Bächer

Zutaten:

1,5 kg Karkassen (Gerippe und Köpfe) von Weißfischen
60 g Butter
3 bis 4 Schalotten oder Zwiebeln
2 bis 3 Stangen Lauch
(nur das Weiße verwenden)
1/2 Fenchelknolle
3 Petersilienwurzeln
1 Stange Staudensellerie
1/2 l trockener Weißwein
2 l kaltes Wasser
1 Lorbeerblatt
2 Stängel Thymian
1/2 Tl weiße Pfefferkörner

Zubereitung:

Karkassen im kalten Wasser waschen, Kiemen entfernen. Die Fischreste gut abtropfen lassen.

In einem größeren Topf die Butter schmelzen und die Karkassen anziehen lassen, ohne dass sie Farbe annehmen. Das klein geschnittene Gemüse zugeben.

Sobald das Gemüse köchelt, den Wein, dann das kalte Wasser zugießen und auch die Gewürze dazugeben, aufkochen lassen und den Schaum mehrmals abschöpfen, bis der Fond klar ist.

Eine knappe halbe Stunde köcheln lassen, vom Herd nehmen und den Fond durch ein Passiertuch abgießen.

Tipp für beide Varianten:
Fischfond auf Vorrat zubereiten und portionsweise einfrieren. Vakuumverpackt erhält sich die Qualität noch besser. Fischfond ist Grundlage für viele Zubereitungen von Fischen und für die verschiedensten Soßen.

Aus der Rezeptsammlung
von Elfriede Stock

Karpfen-Fritten

Thomas (links) und Stefan Stock

Zubereitung:

Filets sehr gut kühlen und der Länge nach halbieren, sodass das Rückenteil vom flachen Bauchteil getrennt ist. Rücken in 0,5 cm breite Streifen schneiden, denn damit werden die Y-Gräten durchtrennt. Bauchteil schräg und ebenfalls dünn aufschneiden.

Die Fritten säuern und würzen, sehr kalt marinieren lassen.

Fischstücke in der Mehl-Grieß-Mischung wenden, die Panade fest andrücken und portionsweise in sehr heißem Fett schwimmend ausbacken, bis sie knusprig sind.

Auf Küchenpapier überschüssiges Fett abtropfen lassen.

Zutaten für vier Personen:

2 Karpfenfilets, je ca. 300 g,
mit oder ohne Haut
4 El Zitronensaft oder Apfelessig
1 Tl jodiertes Speisesalz
(evtl. Kräutersalz)
Pfeffer, evtl. Paprika
Maismehl/Maisgrieß-Mischung (2:1)
Zum Ausbacken:
Kokosfett oder raffiniertes Rapsöl

Tipp: Karpfen-Fritten schmecken pur mit Joghurt-Kräuter-, Dill-Senf- oder Curry-Soße. Kinder mögen am liebsten Tomatenketchup dazu. Als Beilagen passen eine rohe Salatplatte oder grüner Salat sowie Brot oder Pommes.

Aus der Rezeptsammlung
von Elfriede Stock

Karpfen in saurer Sahne

Zutaten:

1 Karpfen (ca. 1,5 kg)
frisch gekochte Pellkartoffeln
3 Tomaten
2 Essiggurken
geräuchertes Wammerl
1 Becher saure Sahne
Salz, Pfeffer, Dill
1/4 l Wasser
1 Suppenwürfel

Zubereitung:

Den Karpfen im Ganzen säubern, die Kiemen entfernen und den Rücken entlang bis zur Rückengräte quer einschneiden.

In den Bräter eine Schicht in Scheiben geschnittene Pellkartoffeln legen, darauf die ebenfalls in Scheiben geschnittenen Tomaten und Essiggurken legen, mit reichlich Dill würzen und darauf den Karpfen stellen.

In die Einschnitte das in Scheiben geschnittene Wammerl stecken.

Den Suppenwürfel im heißen Wasser auflösen, mit der sauren Sahne verquirlen und über den Fisch gießen.

In der Röhre bei 180 °C ca. 30 bis 45 Minuten mit Umluft braten.

Den Fisch im Bräter servieren.

Aus der Rezeptsammlung
von Elfriede Stock

Zwiebelkarpfen

Elfriede Stock

Zutaten:

1 Karpfen (ca. 2 bis 2,5 Pfund)
50 g Fett
1 Zwiebel
100 ml Fleischbrühe
1 El Butter
2 bis 3 El Rahm
Salz, Pfeffer, Zitronensaft, Mehl

Zubereitung:

Den Fisch der Länge nach halbieren und in 4 bis 5 cm dicke Scheiben teilen.
Die Fischstücke mit Zitronensaft säuern, leicht mit Salz und Pfeffer würzen,
in Mehl wenden und in einer Pfanne in heißem Fett auf beiden Seiten anbräunen.

Die gewürfelte Zwiebel im Bratensaft mit Butter hellbraun anrösten,
mit Fleischbrühe aufgießen und mit Rahm verfeinern.

In der Soße den Fisch noch etwa fünf Minuten dünsten.

Paniert wird aus dem weißlich-rosa Milchner der meisten Süßwasserfische eine schmackhafte Spezialität, das so genannte Ingreisch, das den gebackenen Karpfen im benachbarten Franken erst komplett macht.

Aus der Rezeptsammlung von Elfriede Stock

Panierter Milchner

Zutaten:

ca. 500 g Milchner
1/2 l Wasser
1 bis 2 Eier
1 bis 2 El Semmelbrösel
Salz, Pfeffer
Butter zum Braten

Zubereitung:

Milchner in kaltem Wasser gut waschen und in kochendem Salzwasser 20 Minuten gar ziehen lassen. Aus dem Wasser nehmen, gut abtropfen lassen, eventuell trocken tupfen. Milchner salzen, pfeffern und in erschlagenem Ei und Semmelbrösel wenden.

Anschließend in Butter auf beiden Seiten goldgelb braten.

Aus der Rezeptsammlung
von Elfriede Stock

Schleie

in Kräuterbutter

Stefan (rechts) und Thomas Stock mit einem Prachtexemplar von Schleie

Zubereitung:

Fisch waschen, in ca. vier Zentimeter dicke Koteletts schneiden, mit Zitronensaft beträufeln und zugedeckt 15 Minuten ruhen lassen.

Butter schaumig rühren, alle angegebenen Zutaten hineinrühren, bis eine cremige Masse entsteht, und mit einem Drittel davon eine feuerfeste Form ausstreichen.

Die Fischkoteletts pfeffern, salzen und die Hälfte von ihnen auf die Creme legen, danach wieder ein Drittel der Creme darauf verteilen, die restlichen Fischstücke darauf geben und mit dem letzten Teil der Creme bestreichen.

Im vorgeheizten Herd bei 175 °C auf der Mittelschiene ca. 45 Minuten backen.

Beilagen: Salzkartoffeln, Salat

Zutaten:

1 bis 2 Schleien, ca. 1 kg
Salz, Pfeffer, Zitronensaft

Kräutercreme:

125 g weiche Butter
je 1 Bund fein gehackter Dill und Petersilie
1/2 zerdrückte Knoblauchzehe
1 Tl geriebene Zwiebel
1 El gehackte Kapern
1 Tl Sardellenpaste, etwas Muskat
1 El Semmelbrösel
1/16 l trockener Weißwein oder Brühe

WALLER WALLER WALLER WALL

Aus der Rezeptsammlung
von Elfriede Stock

Wallerschnitten in grüner Soße

Soße:

30 g Butter
30 g Mehl
3/8 l Fischsud
1/4 l süße Sahne
1 Bund Suppenkräuter

Zutaten:

ca. 1 kg Wallerkoteletts
Zitronensaft, Salz

Sud:

2 l Wasser
1/4 l Weißwein
1 Zwiebel
1 Bund Suppengrün
1 Lorbeerblatt, Pfefferkörner, Thymian

Zubereitung:

Die Zutaten für den Sud zum Kochen bringen, Wallerstücke salzen, mit Zitronensaft säuern und im abgeschmeckten Sud gar ziehen lassen.

Inzwischen aus Butter, Mehl und Fischsud eine helle Soße herstellen.

Den Rahm und die fein gehackten Kräuter dazugeben und mit Salz abschmecken. Die Wallerkoteletts mit der abgeschmeckten Soße anrichten.

Aus der Rezeptsammlung
von Elfriede Stock

Hecht in Rahmsoße

Zutaten für sechs Personen:

1 Hecht, ca.1500 g
4 El Zitronensaft
Salz, Pfeffer, Paprika
60 g Räucherbauch
60 g Butter
1 Zwiebel
3 El Wurzelwerk
je 1 Nelke
und Wacholderbeere
1 kleines Lorbeerblatt
4 El Sauerrahm

Zubereitung:

Hecht gründlich waschen, mit Zitrone säuern.

Zwiebel und Wurzelwerk fein schneiden.

Hecht innen mit Salz und Pfeffer würzen und am Rücken entlang mit Räucherbauchstreifen belegen.

Eine entsprechend große, feuerfeste Form oder Bräter ausbuttern und den Fisch auf die übrigen Räucherbauchscheiben stellen. Das Wurzelwerk kann in die Bauchhöhle gefüllt oder um den Hecht verteilt werden.

Bratzeit bei 220 bis 240 °C 45 bis 50 Minuten, je nach Dicke des Fisches. Ab und zu mit Wasser und Rahm begießen, mäßig aufgießen, da der Fisch Saft zieht. Nach der halben Garzeit Gewürzkörner zugeben.

Restlichen Rahm mit Mehl verquirlen und damit die Soße binden. Zum Schluss die Soße mit Essig, Zucker, Salz und Pfeffer abrunden.

Erlebniswochen Fisch im Land der 1000 Teiche

Die Karpfenkirwa

Wenn die Tage kürzer werden und sich das Laub verfärbt, kehrt Leben im Land der 1000 Teiche ein. Im schönsten Fischbauerndorf Altbayerns, in Kornthan bei Wiesau, und an den umliegenden Weihern bringen die Landwirte ihre Ernte ein.

Die Kornthaner Karpfenkirwa, immer im Zeitraum Ende September bis Anfang Oktober, lockt Tausende von Besuchern in den kleinen Ort. Dabei zeigen die Teichwirte den Gästen auch, wie ihre Arbeit früher aussah und die Karpfen über Jahrhunderte in hölzernen Fässern transportiert wurden.

So gut es geht wasserdicht eingepackt und ausgerüstet mit Kescher und Eimer dürfen die Kinder beim Abfischen des Teiches ihr Glück versuchen. Dabei gibt es schon mal nasse Füße.

Nach dem Abfischen der Teiche beginnt das große Aussortieren. Die vielen Helfer trennen die verschiedenen Fische. Der Großteil sind Karpfen.

Wie fühlt sich eigentlich ein Karpfen an? Bei den Erlebniswochen Fisch kennen die Kinder keinerlei Berührungsängste.

Beim Kulinarium im Fischerstüberl Bächer in Muckenthal servieren die Wirtsleute nicht nur ein delikates Menü mit Köstlichkeiten aus heimischen Teichen, sondern erklären auch Wissenswertes rund um den Fisch. Klaus Bächer (links) zeigt den Gästen einen Zander.

An Schmankerln fehlt es bei der Karpfenkirwa nicht. Fisch in allen Variationen und Varianten bereiten die Teichwirte zu. Dazu zapfen sie ein süffiges Bier, den Friedenfelser Karpfenbock. So lässt sich bei den Hoffesten in Kornthan und Muckenthal die Zeit genießen.

Aus der Rezeptsammlung
von Edith Zrenner

Knusprig gebratenes Karpfenfilet

mit Kräuter-Weißwein-Soße

Zubereitung:

Die Karpfenfilets säubern, trocknen, mit Zitrone säuern, pfeffern, salzen und mit einem Schuss Worcestersoße verfeinern. Anschließend im Mehl wenden.

Die Karpfenfilets sanft in die erhitzte Butter einlegen und bei mittlerer Hitze beidseitig anbraten, anschließend auf Tellern anrichten und warm stellen.

Die frischen Kräuter klein hacken, mit der Fischgrundsoße und etwas Sahne vermengen und aufkochen. Weißwein zugeben und mit Salz, Pfeffer und etwas Koriander abschmecken.

Dazu servieren Sie Reis oder Petersilienkartoffeln und grünen Salat.

Zutaten:

4 Karpfenfilets
Zitronensaft
weißer Pfeffer
Salz
Worcestersoße
etwas Mehl
50 g Butter
je 20 g frische Petersilie, Dill, Schnittlauch
Fischgrundsoße nach Bedarf *(siehe Rezept Seite 36/37)*
1 El Sahne
1/8 l Weißwein

Aus der Rezeptsammlung
von Edith Zrenner

Karpfenauflauf

Zutaten:

500 g Karpfenfilet
3 bis 4 El Zitronensaft

Zum Bestreichen:

50 bis 80 g geriebenen Käse
1 Becher Sahne
Salz, Petersilie
2 bis 3 El Tomatenmark

Zum Überbacken:

20 g Butter
20 g Semmelbrösel
20 g geriebenen Käse

Zubereitung:

Karpfenfilet der Länge nach in zwei dünne Scheiben spalten und in eineinhalb Zentimeter große Streifen schneiden. Diese mit Zitronensaft säuern und etwas durchziehen lassen.

Geriebenen Käse mit Sahne, Salz, gewiegter Petersilie und Tomatenmark glatt rühren.

In einer gebutterten, feuerfesten Form zunächst eine Lage Filetstreifen legen, mit Käsemasse bedecken, das Ganze noch einmal wiederholen und mit einer weiteren Lage Fischstreifen beenden.

In der vorgeheizten Röhre bei etwa 200 °C rund zehn Minuten zugedeckt garen. Dann mit Semmelbröseln, Reibkäse und Butterflocken belegen. Bei guter Hitze offen etwa 15 Minuten überbacken oder übergrillen.

Die Gesamtgarzeit beträgt 25 bis 30 Minuten.

Als Beilagen eignen sich Salz- oder Petersilien-Schwenkkartoffeln sowie grüner oder Endiviensalat. Aber auch Nudeln oder Baguette sowie Polenta schmecken sehr gut zu dem Auflauf.

Karpfenstrudel

Aus der Rezeptsammlung
von Edith Zrenner

Für den Strudelteig:

250 g Mehl
2 El Öl
1 Ei
ca. 1/8 l
lauwarmes Wasser

Füllung:

1/2 kg Karpfenfilet
1 Becher Sahne
20 g Butter
1 kleine Zwiebel
2 bis 3 Eier
ca. 60 g Semmelbrösel
Petersilie, Salz, Pfeffer
Butter zum Bestreichen

Zubereitung:

Mehl, Öl, Ei und Wasser durch langes Kneten zu einem geschmeidigen Strudelteig vermengen. Zugedeckt an einem warmen Ort ruhen lassen.

Das Karpfenfilet zweimal durch die feine Scheibe des Fleischwolfs drehen. Zwiebel in Butter glasig dünsten, abkühlen lassen und mit Fischmasse, Sahne, Eiern, Bröseln, Petersilie, Salz und Pfeffer gut verrühren.

Strudelteig auf Tuch ausziehen oder auswellen, mit flüssiger Butter und mit der Füllung bestreichen. Mit Hilfe des Tuches einrollen und auf ein Blech mit Backpapier legen.

Im vorgeheizten Backofen bei etwa 200 °C rund 20 bis 30 Minuten backen. Nach zehn Minuten Backzeit mit Butter bestreichen.

Lauchcreme zum Karpfenstrudel

Aus der Rezeptsammlung
von Edith Zrenner

Zutaten:

2 Stangen Lauch
weißer Pfeffer, Salz
50 g Butter
Fischgrundsoße (siehe Seite 36/37)
1/8 l Sahne
1/8 l Weißwein
Schnittlauch

Zubereitung:

Die Lauchstangen halbieren, unter fließendem Wasser waschen und in feine Scheiben schneiden.

Das Gemüse in einem Topf mit zerlassener Butter anschwitzen, dann die Fischgrundsoße hinzufügen, aufkochen und mit Sahne, Weißwein und Gewürzen abschmecken.

Die Lauchsoße zum Karpfenstrudel reichen und mit fein geschnittenem Schnittlauch bestreuen. Dazu servieren Sie Salzkartoffeln oder Weißbrot und grünen Salat.

Elfriede Adam

Wöi da Herrgott unsa Obapfalz hout g'macht,
dou hout'a se ganz wos B'sondas ausdacht.
Tausend silberne Perl'n hout'a uns eina g'saht ins Land,
des san unsere schöina Teich, döi mach'n unsa Hoimat bekannt.

Döi Fisch, döi dou gedeiha, san sua gout, sua g'sund.
Für a gouts Fischessen gibt's dou allawal an Grund.
Und hout oina vo de Fischgrat'n Angst –
ja, na b'schtellt a halt sein Fisch filetiert,
na passiert eahm ganz g'wiss nix, garantiert.

Wanderung zum schuppigen Schatz im Silbersee

Einen wunderbaren Zugang zur Stiftländer Landschaft am Rande des Naturparks Steinwald mit der jahrhundertealten Tradition der Teichwirtschaft und den Zeugen der einst bedeutenden Porzellanindustrie bietet eine rund 15 Kilometer lange Rundwanderung. Je nach Lust und Laune, Kondition und Zeit ist es mit Ortskenntnis, etwas Orientierungssinn und einer Wanderkarte in der Tasche möglich, die nahezu ebene Strecke zu verkürzen, aber auch zu verlängern. Mit zwei laufgeübten Kindern im Alter von acht und zehn Jahren haben wir vier Stunden für die Runde gebraucht.

Auf Schautafeln erfährt der Wanderer viel über Flora und Fauna unter der Wasseroberfläche der heimischen Teiche und Bäche.

Start ist an der Wandertafel am Parkplatz beim Sportgelände unmittelbar an der Umgehungsstraße im Süden Wiesaus. Der Weg überquert die schnell befahrene Staatsstraße, zweigt nach links ab, unter der Bahnlinie Regensburg-Hof hindurch. Nach 50 Metern rechts abbiegen und durch Wiesen und Felder dem kurvigen Sträßlein folgen. Geradeaus geht es durch die ersten kleinen Weiher, bis man auf der Zufahrt zum Naherholungsgebiet Kipp links weitergeht. Durch die Birkenallee führt die Straße über den Tirschnitzbach hoch zum Badesee am Waldrand.

An der Wandertafel vorbei geht es geradeaus bis zur nächsten Infotafel am Silbersee. Hier lohnt sich nicht nur für Fischfreunde ein knapp zwei Kilometer langer Abstecher nach links auf den Trimm-dich- und Fischlehrpfad durch die idyllischen Waldseen, ein attraktives Angelrevier verschiedener Fischereivereine. Bis in die Mitte des vergangenen Jahrhunderts wurde hier Kaolin für die Porzellanfabrik im nahen Schönhaid abgebaut.

Wieder zurück an der Infotafel, führt die Forststraße in den Wald. Kurz vor einer Bahnschranke wenden wir uns nach links in eine kerzengerade Forststraße. (Wer abkürzen möchte, folgt dem bisherigen Wegverlauf über die Eisenbahnstrecke nach Kornthan.) Nach 1200 Metern, kurz vor einer Kreuzung, biegt der gelb-blau-gelb markierte Burgenweg nach rechts in einen moosigen, aber relativ breiten Waldweg ab und windet sich – zuletzt scharf rechts auf einen Pfad abzweigend über einen Teichdamm – zur Bahn hinunter.

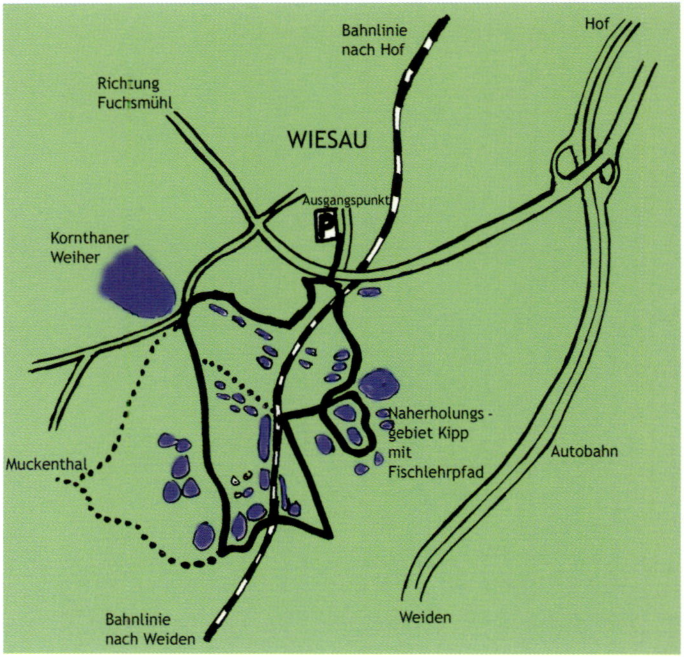

Rechts oder links um den Thurner Weiher herum, bleibt jedem selbst überlassen. Wichtig ist nur, die Abzweigung, die als Verlängerung des Damms zwischen Kreisler und Thurner Weiher rechts – so Sie nach dem Bahnübergang rechts gegangen sind – geradewegs auf einer hellen Forststraße durch den Wald in rund zwei Kilometern nach Kornthan führt, nicht zu verpassen. (Sollten Sie der Markierung zunächst links ein Stück entlang der Bahnlinie gefolgt sein, heißt es an der Stelle geradeaus auf den Damm zwischen Kreisler und Thurner Weiher und an dessen Ende halblinks in den Wald weiterzuwandern, an der der markierte Weg scharf links abzweigt.)

Tipp: Eine etwas weitere Variante ist es, der Markierung nach Muckenthal zu folgen beziehungsweise rund 100 Meter vor dem Ortseingang rechts nach Kornthan abzuzweigen.

Judith und Otfried Rörig aus Miehlen im Taunus mit den Mädchen Sofi und Annabelle genießen die Wanderung durch die Stiftländer Teichlandschaft rund um Wiesau.

Nach etwa einem Kilometer macht der Weg eine leichte Rechtskurve, nach der es geradeaus zum Waldrand geht, wo sich die Muckenthaler Weiher von Westen bis Osten hinüber zur Bahn erstrecken. Nur noch wenige Meter und wir stoßen auf die von rechts kommende Abkürzung von der ersten Bahnschranke. Wir wenden uns aber nach links und gehen bis zum Weiher in Kornthan, zunächst rechts, um beim Hof der Fischzucht Maierhöfer wieder nach rechts abzubiegen.

Die zunächst von Lärchen und dann von Birken gesäumte Straße zweigt bei einigen Eichen nach rechts ab und trifft schließlich wieder auf die Bahnlinie, wo eine scharfe Linkskurve den Beginn des letzten Kilometers markiert. Parallel zu den Gleisen, vorbei an einer Unterführung führt der geteerte Weg fast bis zur Staatsstraße. Noch einmal rechts abbiegen bis zum Brücklein über den Graben und der Parkplatz kommt in den Blick.

Ausflugstipps

Weitere lohnenswerte Ziele:

Luisenburg:
Festspiele und Felsenlabyrinth

Kösseine:
Beliebtes Wanderziel (939 m) mit Turm und Gaststätte

Rauher Kulm:
Imposanter tertiärer Vulkanschlot bei Neustadt am Kulm

Parkstein:
Ort mit schönstem Basaltkegel Europas

KTB und Geo-Zentrum:
Kontinentales Tiefbohrprojekt bei Windischeschenbach mit dem tiefsten Loch der Welt (9101 m)

Oberpfalzturm
Höchster Punkt (946 m) im Naturpark Steinwald, herrliche Aussicht

Wiesauer Waldseen
Naherholungsgebiet mit Badeweiher, Trimm- und Fischlehrpfad

Burgruine Weißenstein
Restaurierte Burganlage am Ostrand des Steinwaldes, erste urkundliche Erwähnung 1279

Sauerbrunnen bei Fuchsmühl
Brunnen mit eisenhaltigem Wasser

rund um Wiesau

Kreuzbergkirche
Wahrzeichen von Wiesau, erstmalige Erwähnung kurz nach 1500

Oberpfälzer Fischereimuseum in Tirschenreuth
Einblicke in Geschichte der Flussfischerei, Teichwirtschaft und Angelfischerei, vier große Schau-Aquarien

Waldnaabtal
Einzigartiges Naturschutzgebiet zwischen Falkenberg und Windischeschenbach

Burg Falkenberg
Imposante Burganlage auf einem wuchtigen Granitfelsen. In Privatbesitz, Führungen möglich

Weitere lohnenswerte Ziele:

Naturpark Steinwald
Waldgebiet mit vielen Felsformationen. Hunderte Kilometer markierte Wander- und Radwege, im Winter gespurte Loipen und Skilift in Pfaben

Sibyllenbad:
Kurbad am Mittelpunkt Europas

Marienbad:
Mit Franzensbad und Karlsbad bekanntes Bäderdreieck in Tschechien

Deutsches Knopfmuseum Bärnau:
Knöpfe aus vier Jahrhunderten

Waldsassen:
Basilika und Klosterbibliothek

Fuchsmühl:
Wallfahrtskirche, Felsmassiv Hackelstein

Feine Forellensuppe

Zutaten:

Fischfond (siehe Seite 36/37)
40 g Butter, 40 g Mehl
herber Weißwein
1 Tl Dill, Salz, Pfeffer
1 geräucherte Forelle
2 El Rahm, 1 Eigelb
Pistazien, Sahne

Aus der Rezeptsammlung
von Elsa Bächer

Zubereitung:

Forellenfilet ohne Gräten in mundgerechte Stücke teilen. Aus Butter und Mehl eine helle Einbrenne herstellen. Mit Fischfond aufgießen, bis die gewünschte Konsistenz erreicht ist.

Dill einrühren und mit Weißwein abschmecken. Rahm und Eigelb unterheben. Die Forellenstücke zugeben und erwärmen.

Mit einem Sahnetupfer und gehackten Pistazien servieren.

Fischklößchensuppe

Zutaten:

250 g Fischfilet, z. B. Karpfen, Forelle oder Weißfisch
1 großes Ei
3 El Semmelbrösel
20 g Butter
1 Zwiebel
Petersilie, Zitronenschale
Salz, Pfeffer, Knoblauch, Rosmarin, Muskat
1 l Fischfond (siehe Seite 36/37)
1/4 l Weißwein

Zubereitung:

Fein gehackte Zwiebel und Petersilie in Butter leicht andünsten. Die übrigen Zutaten mit dem Mixer oder „Zauberstab“ vermengen, mit den Gewürzen abschmecken und Klößchen formen.

Den Fischfond mit Weißwein aufkochen, die Klößchen einlegen und zehn Minuten leise ziehen lassen.

Aus der Rezeptsammlung
von Elsa Bächer

Karpfensalat

nach mexikanischer Art

Zubereitung:

Reis kochen und abkühlen lassen.

Gemüse im Rapsöl bissfest dünsten und ebenfalls abkühlen lassen.

Das Karpfenfilet in Streifen schneiden, in wenig Öl anbraten und mit etwas Salz würzen.

Geschälten Knoblauch abziehen, zerdrücken und mit 1 bis 2 El Öl, Essig, Ketchup, Zucker, Kräutern und Dill verrühren. Mit Salz, Pfeffer und etwas Tabasco abschmecken.

Reis mit Gemüse und der Salatsoße mischen und anrichten.

Die gebratenen Karpfenfilets darauf legen und mit frischen Kräutern bestreut servieren.

Zutaten:

500 g Karpfenfilet
250 g Wildreis
300 g Mexikogemüse
(Bohnen, Mais, Paprika, Zwiebel)
Salz, Pfeffer
4 El Rapsöl
1 Knoblauchzehe
2 El Essig, 1 Prise Zucker
1 El Tomatenketchup
Tabasco
1 bis 2 Tl gemischte Kräute
1 Tl Dill

Zutaten:

800 g Champignons mit großen Köpfen
2 El Zitronensaft
300 g Zucchini und Lauch
2 Schalotten oder 1 Zwiebel
1 Knoblauchzehe
2 El Öl
250 g Karpfenfilet geräuchert
Salz, Pfeffer
1/8 l Weißwein
100 g geriebenen Käse

Aus der Rezeptsammlung von Elsa Bächer

Gefüllte Champignons

Zubereitung:

Champignons putzen, die Stiele aus dem Hut drehen und die Hüte mit der Oberseite nach unten in eine flache, geölte Form setzen, mit Zitronensaft beträufeln und salzen.

Pilzstiele, Gemüse und Zwiebel fein hacken, Knoblauch zerdrücken und mit Ausnahme der Zucchini in Öl andünsten, bis die Flüssigkeit verdampft ist.

Nun die Zucchiniwürfel zugeben, Wein angießen und eindampfen lassen. Mit Salz und Pfeffer abschmecken, Petersilie zugeben und auskühlen lassen.

Das Fischfilet entgräten, in kleine Stücke zerteilen, unter die Pilz-Gemüse-Masse mengen. Diese Füllung in die Pilzhüte setzen, mit Käse bestreuen und im vorgeheizten Ofen bei mittlerer Temperatur ca. 20 Minuten garen.

Die Champignons können warm mit Brot und Salat gereicht werden. Als kalte Vorspeise schmecken sie mit etwas Öl und Balsamico mariniert auf Salat oder Rucolablättern angerichtet.

KARPFEN KARPFEN KARPFEN K

Aus der Rezeptsammlung
von Elsa Bächer

Fischcannelloni

Zutaten:

Cannelloni
200 g Emmentaler
oder Mozzarella

Für die Füllung:

500 bis 600 g Karpfenfilet
2 Knoblauchzehen
Petersilie
Zitronensaft
200 g Zucchini
1 kleine Zwiebel
Öl
2 Eiweiß oder 1 Ei
Salz, Pfeffer, Muskat
Semmelbrösel

Für die Soße:

Butter
1 Zwiebel
Mehl
Sahne
Fischfond (siehe Seite 36/37)
Tomatenwürfel und Tomatenmark
Salz, Pfeffer, Rosmarin

Zubereitung:

Karpfen säuern, mit Knoblauch und Petersilie durch den Fleischwolf drehen und kühl stellen.

Klein gewürfelte Zucchini und Zwiebel in Öl andünsten. Nach dem Abkühlen zusammen mit Ei, Fischmasse sowie eventuell Semmelbröseln vermengen und mit Salz, Pfeffer und Muskat abschmecken.

Aus Butter, Zwiebel und Mehl eine helle Einbrenne herstellen, mit Sahne und Fischfond aufgießen, Tomatenwürfel und -mark dazugeben. Mit Salz, Pfeffer und Rosmarin abschmecken.

Tomatensoße in eine flache Auflaufform geben. Cannelloni mit Fischbrät füllen (Spritzbeutel), in die Soße legen und 20 bis 25 Minuten bei 180 °C backen. Dann mit dem Käse bestreuen und bei 200 °C weitere zehn Minuten überbacken.

Tipp: Fischreste, egal ob gekocht oder gebraten, eignen sich mit Frischkäse, Kräutern, Salz, Pfeffer und Ei vermengt hervorragend als Füllung für Ravioli oder Blätterteigtaschen.

Aus der Rezeptsammlung
von Elsa Bächer

Karpfen-Gemüse-Pflanzerl

Elsa Bächer

Zutaten:

500 g Karpfenfilet
4 El Zitronensaft
200 g Zucchini
200 g Knollenfenchel
1 Scheibe Weißbrot
oder 1 Semmel
je 1 Zwiebel
und Knoblauchzehe
1 Bund Petersilie
Jodsalz, Pfeffer
1 Eiweiß
Haferflocken,
Sesam, Mandeln

Zubereitung:

Das Karpfenfilet in Streifen schneiden, säuern, salzen, pfeffern und ins Eisfach stellen. Fenchel fein schneiden und mit Zitronensaft und etwas Wasser fünf Minuten dünsten. Fein geschnittene Zucchini kurz dazugeben. Gemüse aus dem Topf nehmen und rasch abkühlen. Das angeeiste Karpfenfilet durch den Wolf drehen, ebenso eingeweichtes Weißbrot, Zwiebel, Knoblauch und Petersilie. Mit kaltem Gemüse und Eiweiß vermengen und abschmecken.

Aus der Masse mit nassen Händen Pflanzerl formen und entweder natur oder in Haferflocken, Sesam oder Mandeln wenden und in wenig Öl vorsichtig goldgelb ausbacken.

Schleie im Salzmantel

Zutaten:

2 Schleien, je 600 bis 700 g
frischer Dill, Estragon,
Zitronenthymian, Kerbel
1 Lorbeerblatt
Olivenöl
2 kg grobes Salz
6 Eiweiß
frisch gemahlener Pfeffer

Buttersoße:

3 Eigelb
100 g Butter
20 ml Estragonessig
1 El Dillspitzen
Salz, Pfeffer

Zubereitung:

Die Schleien innen pfeffern, mit Kräutern und je einem halben Lorbeerblatt füllen. Fische außen mit Öl bepinseln.

Eiweiß steif schlagen und unter das Salz heben. Auf einem mit Backpapier ausgelegten Backblech zwei Salzbetten für die Schleien bilden. Die Fische darauf legen und mit Salzmasse rundum abdecken.

Den Salzmantel glätten und das Blech in die Mitte des auf 200 °C vorgeheizten Ofens schieben. Nach zehn Minuten auf 180 °C zurückdrehen. Garzeit etwa 30 Minuten.

Danach Salzmantel rundum aufschlagen und die Schleien servieren.

Für die Soße im Wasserbad Eigelb und Butter verschlagen, Estragonessig und den fein gehackten Dill dazugeben, mit Pfeffer und Salz abschmecken.

Als Beilage passen Petersilienkartoffeln und grüne Salate.

Karpfen im Ganzen
nach Bauernart

Aus der Rezeptsammlung
von Elsa Bächer

KARPFEN KARPFEN

Zutaten:

1 Karpfen (1,5 bis 2 kg)
750 g vorgekochte Kartoffeln
300 g Erbsen
Speckscheiben
Salz, Pfeffer, Thymian
Zitronensaft
1/4 l Sauerrahm
3 bis 4 Knoblauchzehen
500 g blanchierte Karotten
300 g Zwiebeln
Rosmarin
1/8 l Bouillon
2 Eier
200 g Emmentaler

Eine Tasse in der Bauchhöhle verleiht dem Karpfen Stabilität.

Zubereitung:

Den Karpfen im Ganzen vorbereiten, mit Pfeffer und Rosmarin würzen. Den Fisch mit einer Tasse in der Bauchhöhle (damit er stehen bleibt) in einen Bräter stellen.

Das in Würfel geschnittene Gemüse um den Fisch legen und mit Bouillon übergießen.

Den Karpfen und das Gemüse mit Speckscheiben belegen und im vorgeheizten Rohr bei etwa 200 °C rund 60 Minuten garen.

Aus Sauerrahm, Eiern, Salz, Pfeffer, Knoblauch und Thymian eine Soße rühren und über den fast fertigen Fisch geben. Anschließend den geriebenen Käse darüber streuen und kurz im heißen Ofen überbacken.

Speckscheiben auf dem Rücken geben während des Garens ihr Aroma an Fisch und Gemüse ab.

Aus der Rezeptsammlung
von Evi Dutz

Gebackener Karpfen

Zutaten:

Pro Person je eine
längs geteilte Karpfenhälfte
Zitronensaft
Pfeffer, Salz
Mehl, Eier, Öl
geriebene alte Semmeln
Butterschmalz

Zubereitung:

Karpfen waschen, mit Küchenpapier trocken tupfen, säuern und einige Zeit stehen lassen.

Die gesalzenen und gepfefferten Fischhälften in Mehl wenden. Eier schlagen, mit etwas Öl und Wasser verdünnen.

Die bemehlten Karpfen zuerst in die Eimasse und dann in die Semmelbrösel geben.

Die panierten Fische in reichlich Butterschmalz bei ca. 160 °C goldgelb ausbacken.

Tipp: Die Panade ist nach Belieben auch ohne oder ausschließlich mit Mehl möglich. Eine immer beliebter werdende Variante ist der so genannte Pfefferkarpfen, bei dem die Semmelbrösel mit reichlich frisch gemahlenem grobem Pfeffer vermengt werden.

Von der schuppigen Haut zum exklusiven Leder

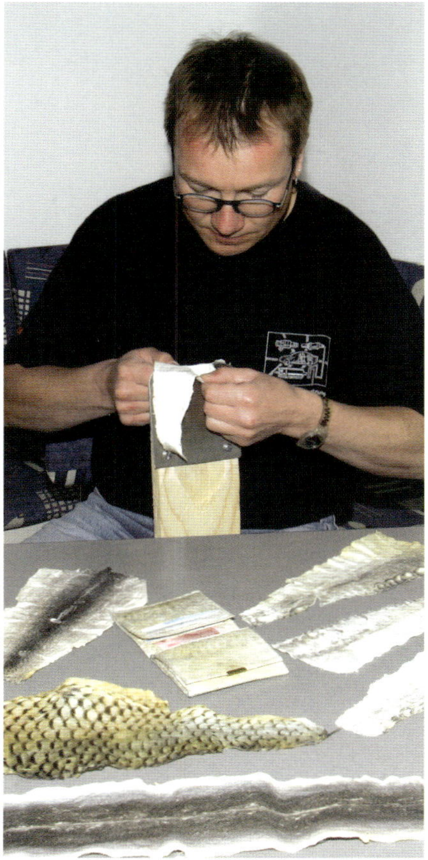

Richard Bauer

„Ich hätte nicht gedacht, dass das so anstrengend ist." Richard Bauer aus Falkenberg hat sich einem ganz besonderen Hobby verschrieben: Er stellt aus Fischhäuten Leder her. „Häute zu beschaffen, ist kein Problem", erzählt Bauer. Aber an das Zubehör zur Verarbeitung zu kommen, sei extrem schwierig.

Nach dem Säubern der Häute von Fleisch- und Fettresten kommt das Auswaschen mit Sodalösung. Sechs bis acht Tage müssen die Häute anschließend in ein Gerbungsmittel (Basyntan) eingelegt werden. Danach heißt es erneut die Häute mit einer leichten Sodalösung auszuwaschen. In feuchtem Zustand erfolgt die Nachfettung (mit Coripol DX-1202).

Trocknen, erneut einweichen, das überschüssige Fett rauswaschen und das Einlegen für einige Stunden in einer antiseptischen Imprägnierung (Conaron HR) sind die nächsten Schritte. Nach dem Trocknen müssen die Häute gedreht, zwischen den Fingern gerieben und über einem Blech geglättet werden. „Das Leder kann man nähen, kleben und bei der Verarbeitung mit Stoff oder Pelz kombinieren", erklärt Richard Bauer. Er trägt einen Geldbeutel bei sich – aus Karpfenleder natürlich.

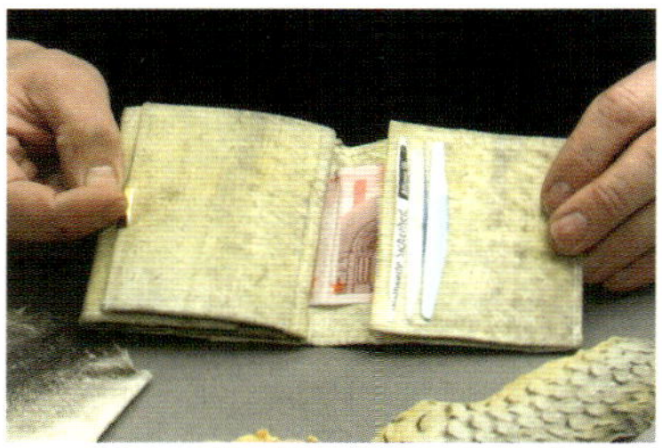

Aus der Rezeptsammlung
von Thomas Forster

Karpfen polnisch

Zutaten:

1 lebender Karpfen
1 Tl Essig
1 Zwiebel
Suppengemüse (Sellerie, Lauch, Gelbe Rübe)
1/4 l Wasser
Bier
1 Zitrone
Zucker
Soßenlebkuchen
Salz
Butter

Zubereitung:

Beim Schlachten des Karpfens das Blut auffangen und mit dem Essig verrühren.

Zwiebel und Suppengemüse in feine Streifen schneiden, mit dem Wasser ca. fünf Minuten kochen lassen und durch ein Sieb abgießen.

Zur durchgeseihten Brühe unter starkem Rühren mit dem Schneebesen das aufgefangene Blut gießen. Bier, Zitronenscheiben, Zucker und zerkleinerte Lebkuchen zugeben, kurz kochen und zehn Minuten ziehen lassen. Dann mit Salz und Zitronensaft abschmecken.

Den Karpfen in die fertig abgeschmeckte Soße legen und ziehen lassen. Nach ca. 15 bis 30 Minuten etwas Butter in der Soße zergehen lassen.

Den Karpfen in der Soße servieren und mit dem Wurzelgemüse garnieren.

ZANDER ZANDER ZANDER ZAND

Aus der Rezeptsammlung
von Thomas Forster

Zanderfilet
natur gebraten

Zutaten:

1 Zander
Zitronensaft
Salz, Pfeffer
Majoran, Estragon, Dill, Basilikum
Butter

Zubereitung:

Zander schlachten und die Haut mit einem scharfen Messer vom Filet abziehen.

Das Zanderfilet auf einen Teller legen und mit etwas Zitronensaft beträufeln. Mit Salz und Pfeffer, Majoran, Estragon, Dill und Basilikum bestreuen und im Kühlschrank eine Stunde durchziehen lassen.

Danach eine Pfanne mit Butter erhitzen und das Zanderfilet auf beiden Seiten bis zur gewünschten Bräune garen.

Als Beilagen eignen sich zum Beispiel Butterkartoffeln und etwas Karottengemüse.

Aus der Rezeptsammlung
von Maria Distner

Hecht

nach Fichtenschachter Art

Zutaten für sechs Personen:

1 Hecht (ca. 1500 g)
Salz
300 g durchwachsener Speck
100 g Butter oder Margarine
1/8 l Weißwein
2 El Semmelbrösel
1/2 Tl Fleischbrühe
oder 1/4 Brühwürfel
1 Becher saure Sahne (100 g)
weißer Pfeffer, Cayennepfeffer

Zubereitung:

Hecht ausnehmen und schuppen. Unter kaltem Wasser abspülen. Mit Haushaltspapier trocken tupfen, innen salzen und mit 100 g dünnen Speckscheiben belegen.

Den übrigen Speck würfeln. In der Fettpfanne glasig werden lassen, Fisch dazugeben und mit zerlassener Butter oder Margarine übergießen. Fettpfanne in den vorgeheizten Ofen schieben.

Garzeit 30 Minuten, Elektroherd 220 °C, Gasherd Stufe 5 oder halbe große Flamme. Alle zehn Minuten mit dem Bratfond überschöpfen. Nach 20 Minuten den Weißwein zugießen.

Dann aus dem Ofen nehmen, mit Semmelbröseln bestreuen. Weitere vier Minuten in den Ofen schieben und überkrusten.

Fisch aus der Pfanne heben, auf einer vorgewärmten Platte anrichten und warm stellen.

Fleischbrühe in die Soße rühren, aufkochen und anschließend saure Sahne zugeben. Mit weißem Pfeffer und Cayennepfeffer würzen und getrennt zum Fisch servieren.
Wenn nötig, Fett abschöpfen.

Vorbereitung: 15 Minuten – Zubereitung: 40 Minuten

Beilagen: Petersilienkartoffeln mit Butter und Gurkensalat.
Als Getränk passen Mosel- oder Rheinwein.

Viel Spaß hatten Erwin Otte und die Kleinsten vom Kindergarten St. Josef. Der Künstler war mit seinem Prachtkarpfen gekommen.

Apfel-Curry-Soße

Zutaten:

1 großer Apfel
1 bis 2 Zwiebeln
ca. 50 g Butter oder Öl
1 bis 2 Tl Curry
ca. 1/8 l Weißwein
Salz, Zucker, Zitrone

Zubereitung:

Den geriebenen Apfel zusammen mit den in Ringe geschnittenen Zwiebeln in Butter oder Öl weich schmoren, mit Curry würzen und mit Weißwein gar kochen.

Nach Belieben durch ein Sieb drücken und mit Salz, Zucker und Zitronensaft pikant-sauer abschmecken.

Butter-Weinbrand-Soße

Zutaten:

150 bis 200 g Butter
1/2 bis 1 El Mandeln
Salz, Petersilie
1 Likörglas Weinbrand

Zubereitung:

Die Butter erhitzen und abschäumen oder bräunen.

Geröstete, fein geriebene Mandeln, etwas Salz, reichlich fein gehackte Petersilie und kurz vor dem Anrichten den Weinbrand dazugeben.

Sollte die Soße zu scharf sein, mit ganz wenig Fischfond strecken.

Specksoße

Zutaten:

je 1 El Fett und Mehl
1/2 Zwiebel
1/2 Tl Kümmel
100 g Speck
Fischfond, Wein oder Weißbier
Schnittlauch, Salz, Muskat,
Senf oder Essig

Zubereitung:

In die weiße oder leicht bräunliche Mehlschwitze die fein gehackte Zwiebel, den gewiegten Kümmel sowie den klein gewürfelten Speck geben und mit Flüssigkeit aufgießen.

Die Soße aufkochen und mit den Gewürzen abrunden.

Tipp: Diese Soße ist für alle gebratenen Fische sowie für Gerichte mit Fischresten geeignet.

Aus der Rezeptsammlung
von Elsa Bächer

Kartoffelkugeln mit Karotten

Mit einem Rundausstecher lassen sich aus Möhren und Kartoffeln dekorative Beilagen formen.

Zutaten:

ca. 1/2 kg Kartoffeln
1/2 kg Gelbe Rüben
Salz, Petersilie

Zubereitung:

Aus großen, geschälten Kartoffeln und Gelben Rüben mit einem Rundausstecher Kugeln formen und getrennt in Salzwasser kochen.

Abgießen oder abtropfen lassen, einige Minuten zugedeckt im warmen Ofen abdampfen lassen und mit Petersilie bestreut servieren.

Tipp: Die Gemüse- und Kartoffelreste für eine Suppe oder ein Püree verwenden.

Daneben sind der Fantasie auch bei den Beilagen zu den Fischrezepten von Reis über Nudeln und Kartoffelsalat bis hin zu Weiß- oder Bauernbrot sowie Salaten und Gemüse keine Grenzen gesetzt.

Aus der Rezeptsammlung
von Elsa Bächer

Stachelbeersoße

Zutaten:

250 g grüne Stachelbeeren
1 El Zucker
2 bis 3 El Weißwein oder Most
je 2 El Fett und Mehl
Muskat, Salz, Zitronenmelisse oder Zitrone

Zubereitung:

Grüne, also unreife Stachelbeeren kochen und durch ein Sieb streichen.

Aus Mehlschwitze und Flüssigkeit eine Soße kochen, das Beerenmus dazugeben und mit den Gewürzen abschmecken.

Weinkartoffeln

Zutaten:

Kartoffeln
Wasser
1 Glas Weißwein
1 bis 2 El Butterflöckchen
Salz, Majoran oder Petersilie

Zubereitung:

Salzkartoffeln knapp 20 Minuten kochen, bis sie fast gar sind.

Abgießen, dann in dem Topf den Wein über die Kartoffeln verteilen, mit Butterflöckchen und Kräutern vermengen.

Den Topf leicht schütteln und zugedeckt in den mäßig warmen Ofen stellen, damit die Kartoffeln im eigenen Dampf fertig garen können, ohne dass sie sich unten anlegen.

Möglichst im ungeöffneten Topf servieren, damit die Kartoffeln ihr volles Weinaroma behalten.

Tipp: Diese vorzügliche Beilage ist nicht für Kinder geeignet, da der Alkohol aus dem Wein nicht verkocht wird.

Krammelbeeren:

vor, mit und nach dem Fisch

Krammelbeeren heißen im Stiftland und Steinwald die Früchte des Wacholderbusches, der hier auf kargen Böden wächst. Ein Karpfensud oder eine Lake zum Räuchern ohne dessen schimmernde Beeren sind fast undenkbar.

Gregor und Martin Schraml

Klar, dass sich der Krammelschnaps zur Abrundung eines Fischessens hervorragend eignet. Nach Hausrezeptur – und die geht bis zu sechs Generationen ins Jahr 1818 zurück – setzen Martin und Gregor Schraml die Beeren an, um sie anschließend in einem speziellen Verfahren zu destillieren. Mehrere Jahre lassen die beiden das Herzstück in ihrer Hausbrennerei in Erbendorf in Fässern lagern, bis sich ein harmonischer, kräftiger Geist entwickelt hat.

Der Krammelbeer bereitet sowohl als Aperitif optimal auf ein mehrgängiges Menü vor, wie er auch geeignet ist, die Gaumenfreuden zu beschließen. Bei Zimmertemperatur genossen, entfaltet er sein ganzes Bouquet.

Nach Voranmeldung bietet die Steinwälder Hausbrennerei Schraml auch Führungen durch die „Alte Propstei“ mit Schnapsproben an. In dem ehemaligen bis auf das Jahr 1260 zurückgehenden Klostergut der Benediktiner dreht sich heute alles darum, wie man den „Geist“ aus Früchten, Beeren und Kräutern zu einem genussvollen Ergebnis veredelt.

Zum Fisch das passende Bier

Friedenfelser Karpfentrunk

Bier und Karpfen, diese zwei Naturprodukte passen hervorragend zusammen, noch dazu wenn beide aus der Region stammen.

Zu den alljährlichen Fischwochen rund um Wiesau braut die Schloßbrauerei Friedenfels extra ein süffiges, vollmundiges und bernsteinfarbenes Bier, den Friedenfelser Karpfentrunk. Dieser Gerstensaft bereichert mit Geschmack und Aussehen jedes heimische Fischgericht.

Der Karpfentrunk wird pünktlich zur Eröffnung der Fischwochen zum Ausschank gebracht.

Biersieder Helmut Keck: die ständige Kontrolle der Biere aus der Schlossbrauerei Friedenfels gehört zu seinen Aufgaben

Die Spezialität aus dem Naturpark Steinwald ist eine echte Rarität für Kenner, die es ausschließlich bei den Veranstaltungen zu den Fischwochen sowie in der heimischen Gastronomie zu kosten und zu genießen gibt.

Dass die Schloßbrauerei Friedenfels auch im übrigen Jahr den Spruch „Ein Fisch muss schwimmen“ umzusetzen weiß, beweist die Wahl von Michael Rudolf. Für den Bierexperten und Buchautor zählt das Friedenfelser Weißbier zu den zehn besten Bieren Deutschlands – „Ein Weizenuniversum“.

Mehr als eine Perle für Angler

Neben der kommerziellen Teichwirtschaft nutzen auch zahlreiche Freizeitangler die Weiher und Seen im Stiftland für ihr Hobby. Der Fischereiverein Wiesau kümmert sich im Bereich der Waldseen um drei ehemalige Kaolingruben.

Der Badesee „Kipp“ mit 1,8 Hektar ist auf der Straße von Schönhaid nach Kornthan über geteerte Wege zu erreichen. Dieser Baggersee ist für gehbehinderte Angler besonders zu empfehlen, da sie direkt an das Gewässer heranfahren können. Alljährlich am dritten Sonntag im Juni gibt es hier das Fischerfest mit Gästefischen und anschließendem Festbetrieb.

Der an den Parkplätzen beginnende Fischlehrpfad führt nach rund 250 Metern zum Silbersee, dem mit sechs Hektar größten Waldsee. Sandbänke, viele Buchten und eine Tiefe von bis zu neun Metern machen ihn für Angler besonders reizvoll. Im weiteren Verlauf gelangt man über den Lehrpfad zum 1,4 Hektar umfassenden Perlsee. Bei Badebetrieb ist hier das Rückzugsgebiet für Angler. Für Naturfreunde interessant ist der hohe Muschelbestand mit bis zu zehn Tieren pro Quadratmeter.

Der Fischereiverein besetzt die Seen regelmäßig im Herbst mit Fischen aus regionaler Zucht, darunter auch solche, die auf der so genannten „roten Liste“ stehen. Der Angler kann in der Saison Aal, Rotaugen, Rotfedern, Grasfische, Karpfen, Schleien, Hechte, Zander, Brachsen, Forellen und Karauschen fangen.

Auch mit einem Fließgewässer kann der Verein aufwarten. Die Wondreb bei Hofteich ist vor allem mit Forellen, aber auch Karpfen und Schleien besetzt. Nördlich von Schönhaid hat der Fischereiverein ein eigenes Gewässer mit Hütte, Grill- und Räucherplatz. Gäste sind hier zu einem Plausch gerne willkommen.

Karten sind an folgenden Verkaufsstellen (Stand Juni 2005) erhältlich:

Angelgeräte G. Brosch, Im Grund 20, Wiesau
Tankstelle Schönberger, Schönhaider Straße 25, Wiesau
Tankstelle Strobl, Turnersloheweg 1, Wiesau

Nützliche Adressen und Ansprechpartner

(Stand Mai 2005)

Gemeinde Wiesau
Tourismusbüro
Marktplatz 1
95676 Wiesau
09634/9200-0
Fax 09634/2511
E-Mail: poststelle@wiesau.de
www.wiesau.de

Ein recht herzliches Dankeschön geht auch an:

Staatliche Berufsschule Wiesau
Pestalozzistraße 2
95676 Wiesau
09634/9203-0
Fax 09634/8282

Fischereiverein Wiesau e. V.
Postfach 1212
95673 Wiesau

Schloßbrauerei Friedenfels
Gemmingenstraße 33
95688 Friedenfels
09683/91-0
www.schlossbrauerei-friedenfels.de

Steinwälder Hausbrennerei Schraml
In der Alten Propstei
Kaiserberg 16
92681 Erbendorf
09682/881
Fax 09682/4080

Wiesauer Trachtengsang
www.wiesauer-trachtengsang.de

Für die Bereitstellung des Tischräucherofens und der Räuchertonne danken wir:

Firma Impuls
Horní námesti c. 169
CZ-59451 Krizanov
Tschechien
00420/777/730486
Fax 00420/566/543233
E-Mail: impuls@iol.cz
www.raucherofen.de

Wer sich mit dem Thema Räuchern näher beschäftigen will, dem seien folgende Bücher empfohlen:

Jochen Rüdenauer
Fische räuchern wie ein Profi
Müller Rüschlikon Verlags AG
CH-6330 Cham
ISBN 3-275-01487-0

Francis Ray Hoff
Fische räuchern
BLV Verlagsgesellschaft mbH
München
ISBN 3-405-16633-0

Alles zum Thema Fisch:

ARGE Fisch
Mähringer Straße 7
95643 Tirschenreuth
09631/88223
www.erlebnis-fisch.de

Fisch oder Fischprodukte direkt vom Teichwirt gibt es bei:

Fischereibetrieb
Wolfgang und Elfriede Stock
Kornthan 18
95676 Wiesau
09634/2434
www.fisch-stock.de

Fischerstüberl und Teichwirtschaft
Alfons und Elsa, Klaus und Manuela Bächer
Muckenthal 4
95676 Wiesau
09634/536
Fax 09634/914661

Fischzucht
Franz und Maria Maierhöfer
Kornthan 14
95676 Wiesau
09634/2260
Fax 09634/2260
www.fischmekka.de.vu

Land- und Teichwirtschaft
Konrad und Edith Zrenner
Kornthan 6
95676 Wiesau
09634/1231

Internetadressen:

www.kreis-tir.de
www.naturpark-steinwald.de
www.sibyllenbad.de
www.wunsiedel.de

Rezepte von A bis Z